AF226767

Extrait du CORRESPONDANT

LES CONTINUATEURS

DE

M. DE TOCQUEVILLE

PAR

RENÉ LAVOLLÉE

DOCTEUR ÈS LETTRES

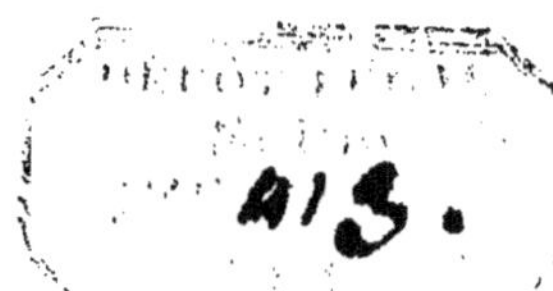

PARIS

LIBRAIRIE DE CHARLES DOUNIOL ET CIE, ÉDITEURS

29, RUE DE TOURNON, 29

1874

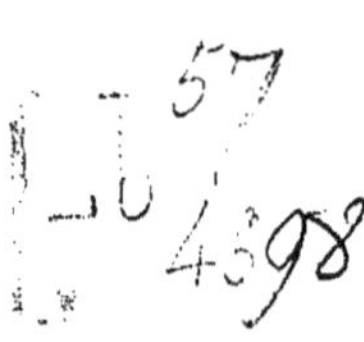

LES CONTINUATEURS

DE M. DE TOCQUEVILLE

A la veille du 18 brumaire, un des hommes qui avaient le plus
fidèlement conservé les mœurs de l'ancien régime et qui devaient
le plus honorer le nouveau, Portalis écrivait à Mallet du Pan, pro-
scrit comme lui : « Je n'ai pas voulu me mêler des changements et
des réformes projetés par les premiers révolutionnaires, parce que
je me suis aperçu qu'on voulait former un nouveau ciel et une nouvelle terre et qu'on avait l'ambition de faire un peuple de philosophes, lorsqu'on n'eût dû s'occuper qu'à faire un peuple d'heureux. »
Quinze ans plus tard, M. de Talleyrand exprimait, sous une forme
plus concise et plus pittoresque, une pensée analogue : « La Révolution, disait-il, a désossé la France. »

Plus le temps marche, plus se vérifie la profondeur de ces paroles. Jamais peut-être mieux que de nos jours nous n'avons été en
mesure d'en comprendre toute la justesse. Il semble, en effet, que
pour les nations, comme pour les hommes, la vie passée s'explique,
s'éclaire et s'illumine, en quelque sorte, à la lueur de l'infortune.
Or, quand ce douloureux enseignement nous a-t-il été donné plus
sévèrement qu'aujourd'hui? S'il y eut un pays courbé sous le poids
du malheur, c'est le nôtre ; s'il y eut une génération frappée par la
justice divine, c'est la nôtre. Aucune n'avait conçu d'aussi hautes
espérances, aucune n'a subi d'aussi amères déceptions. Née à une

époque de paix et de liberté parlementaire, elle avait porté dans la poursuite des richesses, dans les luttes fécondes de l'industrie et du commerce, tout ce qu'elle avait d'intelligence et d'activité ; elle s'était endormie et comme enivrée au son de ces mots magiques de concorde, de justice, de solidarité internationale et d'émancipation intellectuelle des masses, dont la berçaient d'imprudents écrivains. Hier encore, renouvelant le rêve philanthropique de l'abbé de Saint-Pierre, elle prêtait aux apôtres de la paix perpétuelle une oreille attentive et sympathique... Quel réveil ! Tout à coup, en quelques jours, on pourrait presque dire en quelques heures, elle s'est sentie étreinte et broyée par la guerre sous sa forme la plus hideuse et la plus terrible, la guerre sans héroïsme et sans générosité, implacable par système, cruelle de sang-froid, dévastant méthodiquement et au nom de la science : la guerre prussienne, en un mot. Notre génération avait poussé, en théorie, le respect de la vie humaine jusqu'à discuter la légitimité de la peine de mort, et le canon lui a répondu en couchant sur le sol ensanglanté de la France près de deux cent mille victimes. Elle avait, en mainte occasion, revendiqué pour les peuples le droit de décider de leurs destinées, et elle voit renaître le droit de conquête dans toute sa rudesse féodale. Elle avait pris pour devise : *Justice et liberté*, et, du sein du triomphe, une voix cyniquement railleuse lui jette ce mot sinistre : « *La force prime le droit.* » Elle avait appelé de tous ses vœux l'effacement des inégalités sociales, l'extinction du paupérisme, l'éducation populaire, l'apaisement des dissensions intestines, et elle vient d'avoir à lutter contre la plus hideuse insurrection qui ait jamais épouvanté le monde.

Quand on récapitule cette série de déceptions cruelles, cette suite de désastres vraiment inouïs, on s'étonne moins du découragement dont les plus fermes caractères paraissent atteints ; on comprend qu'une telle crise ait brisé les plus fortes natures. Personne — et ce n'est pas là le caractère le moins alarmant de la situation actuelle — personne, pour ainsi dire, ne sait plus où s'arrêter ni où se prendre ; personne, ou à peu près, ne voit clairement ce qu'il doit croire et ce qu'il peut espérer. Plus d'une fois sans doute, dans le cours de sa carrière si longue et si agitée, la France a connu le malheur, la défaite et la guerre civile ; plus d'une fois, comme on l'a dit, elle a traversé des périodes de désastres comparables à la crise actuelle, et toujours elle en est sortie revêtue d'une force plus grande, brillant d'une jeunesse nouvelle. Mais elle avait alors ce qui paraît lui manquer aujourd'hui : des traditions et un but, une idée dominante et une ardente passion au cœur. Elle pouvait succomber à Crécy, à Azincourt, à Poitiers, voir Paris au pouvoir des Anglais et son roi relégué à Bourges : sa foi chrétienne et patriotique la préparait d'avance à entendre la voix de la sainte héroïne dont Dieu lui réservait la miraculeuse assistance. Vaincue, écrasée à Ramillies, à Malplaquet, à Blenheim, elle conservait intacte la foi monarchique qui allait enfanter le prodige de Denain. Au milieu des convulsions horribles de la Révolution, jusque sous le coup de la Terreur, elle vivait encore des idées, des passions, des illusions du dix-huitième siècle : en s'enivrant de victoires, elle s'imaginait combattre pour l'affranchissement du genre humain ; elle était soutenue par la crainte et la haine de l'ancien régime, si récemment aboli et si menaçant encore. Au lendemain de Waterloo, elle attendait tout de l'introduction des institutions anglaises parmi nous ; en 1830, du parlementarisme et de la politique des intérêts ; en 1848, de l'alliance de la religion et de la liberté.

Qui pourrait dire aujourd'hui quel est, dans l'ordre des choses temporelles, l'objet de notre foi ? Qui pourrait indiquer un pôle fixe vers lequel gravitent les idées et les hommes ? Nous avons usé de tout, nous sommes lassés de tout, nous avons renversé, brisé tout, et, de cette ruine universelle, nous n'avons gardé que de violentes haines, un incurable scepticisme et un profond découragement. Unis pour critiquer et détruire, nous ne savons guère nous mettre d'accord pour fonder. Nous sommes plus téméraires qu'énergiques, plus ignorants que résolus ; nous conservons des illusions ; rarement nous nous sentons animés d'un espoir sérieux et réfléchi. Nous attendons tout du gouvernement, à la fois confiants dans son omniscience et prêts à le critiquer sans relâche. Nous oublions que notre sort actuel et notre avenir sont surtout dans nos mains. Nous croyons à la toute-puissance des lois, nous méconnaissons trop l'importance, bien plus grande encore, des mœurs. Nous prétendons réaliser le progrès dans nos institutions, marcher en avant, préparer l'avenir : nous avons le tort de ne pas prendre pour point d'appui les traditions du passé. Seule entre toutes les nations, la France essaye, depuis près de cent ans, d'asseoir sur un sol mouvant les plus vastes édifices constitutionnels : elle semble avoir pris à tâche d'éteindre tous les foyers de vie locale et d'activité individuelle que lui avait légués l'ancien régime ; avec une société pulvérisée, elle prétend bâtir pour l'éternité. Aussi a-t-elle ce malheur de voir son avenir, son existence même liée aux destinées toujours changeantes de ses gouvernements. Elle sait et elle sent que le sol se dérobe en quelque sorte sous ses pas et qu'elle est à la merci du moindre coup de vent révolutionnaire. Comme la société est désorganisée et ne subsiste que grâce à l'intervention constante de l'État, si la machine gouvernementale s'arrête un instant, on se trouve en

face du néant. Chez les autres peuples, les crises intérieures abou-
tissent tout au plus à une révolution politique; chez nous, elles
prennent aussitôt les proportions d'un bouleversement social.

Au milieu de cette confusion générale et prolongée, nous avons
perdu non-seulement l'unité morale et le sens politique, mais encore
le souvenir de notre passé et, pour ainsi dire, la conscience de nous-
mêmes. La France pourrait être comparée à ces fils de famille qui,
après avoir couru le monde et jeté au vent leur patrimoine, revien-
nent au pays natal et ne savent plus y reconnaître les limites de
l'héritage paternel, ni même y retrouver la trace des hauts faits de
leurs aïeux. Elle ressemble plus encore à ces hommes dont une
maladie violente ou une grande douleur a, pour ainsi dire, partagé
la vie en deux, et qui, sortis de la crise, ont tellement oublié leur
existence passée, qu'il faut la leur raconter et la leur apprendre
comme l'histoire d'autrui.

C'est là, sans contredit, l'un de nos plus grands malheurs, l'une
de nos plus déplorables faiblesses. La crise de 1789 a été si terrible,
on fit alors si complétement table rase des anciennes institutions,
nous avons, depuis lors, couvert d'un si profond dédain les souvenirs du passé que nous sommes, en quelque sorte, devenus des
étrangers dans notre propre maison. C'est nous-mêmes que nous
connaissons le moins; c'est notre propre histoire que nous ignorons
le plus, et que nous avons le plus urgent besoin d'apprendre. Quelques grands esprits l'ont compris, et se sont efforcés de renouer la
chaîne des temps. M. de Tocqueville, le premier, nous a révélé notre
passé dans son livre sur *l'Ancien régime et la Révolution*. Il donna
ainsi un grand exemple plutôt qu'il ne fit une grande œuvre. Malgré l'étendue des recherches et la profondeur des aperçus, l'ouvrage
manque en effet de deux qualités essentielles : il n'est ni assez dé-
taillé, ni assez concluant. En véritable fils de ce siècle, M. de Tocqueville a cherché de préférence, soit au centre de l'État, soit dans le
monde gouvernemental et dans l'organisation administrative, les
éléments de comparaison entre l'ancien et le nouveau régime; il n'a
pas assez étudié la vie provinciale et les mœurs privées. Il a, d'un
autre côté, paru accepter avec une sorte d'indifférence sceptique et
de fatalisme résigné la transformation radicale, et souvent malheu-
reuse, que la France a subie depuis quatre-vingts ans. Tout en re-
connaissant, comme elles doivent l'être, les sérieuses conquêtes de
la civilisation moderne, tout en déplorant, d'autre part, de trop
réelles erreurs, souvent décorées du nom de progrès, il semble
assister en spectateur désintéressé à une décadence dont il constate
les symptômes; il déclare trop tôt la lutte impossible, il renonce
trop vite au combat, et ne songe pas assez à indiquer, parmi les in-

stitutions et les mœurs de l'ancien régime, celles qui peuvent et doivent s'adapter aux besoins de la société nouvelle.

Si graves que soient ces défauts, M. de Tocqueville n'en conservera pas moins le mérite et l'honneur d'avoir été un initiateur. La voie a été ouverte, l'impulsion donnée par lui : les imitateurs ont suivi. Le maître a fait école. L'histoire provinciale d'abord, puis l'organisation administrative de l'ancienne France ont été étudiées en détail ; de savants travaux nous ont ensuite initiés aux incidents, souvent si curieux, de la vie municipale, à la situation des campagnes, des corporations industrielles et du commerce sous l'ancien régime. Aujourd'hui, notre curiosité va plus loin encore : c'est dans la vie privée de nos aïeux, dans leurs foyers, dans leur oratoire, que nous pénétrons, à l'aide de leurs manuscrits les plus intimes, et en quelque sorte de leur aveu même. Comprendrons-nous enfin les enseignements précieux qui se dégagent de ces révélations ?

I

On a publié récemment deux livres très-différents de sujet et de forme, mais procédant de la même inspiration, conçus dans le même esprit, qui semblent faits pour se compléter l'un l'autre, et dont l'apparition simultanée est comme un signe du temps. L'un décrit, d'après les *livres de raison* inédits des vieux Provençaux, l'état moral *des familles et de la société en France avant la Révolution*[1] ; il est dû à la plume d'un savant et ingénieux écrivain, M. Charles de Ribbe, bien connu des lecteurs du *Correspondant*. L'autre, intitulé : *les Temps nouveaux*[2], est l'œuvre d'un magistrat, M. Nadault de Buffon, qui joint à la sévérité d'un avocat général la verve mordante d'un satirique. L'auteur y trace le portrait, peu flatté, de la société contemporaine. En homme qui comprend les causes véritables de nos malheurs et les conditions essentielles de notre régénération, il s'occupe beaucoup moins de la place publique que du foyer domestique. Les statistiques judiciaires et les journaux en main, d'après le témoignage de nos pièces de théâtres et de nos romans, il recherche quelle est la situation actuelle de la famille, il en examine un à un les différents membres, il trace, pour ainsi dire, le

[1] Paris; Albanel, 1873. 1 volume in-12.
[2] Paris; Furne, 1873. 1 volume in-8°.

portrait de chacun d'eux. Quels types il nous dépeint, et avec quelle impitoyable vérité! Voici, d'abord, la femme du *high-life*, sortant des mains de son *tailleur* ou de son coiffeur, ornée de faux cheveux, initiée à tous les secrets du maquillage, plus étrange que jolie sous son costume à demi masculin, passionnée pour les émotions vives, pour les plaisirs violents, pour les exercices dangereux de l'autre sexe, résolue à tout pour satisfaire son goût de toilette et de dépense, prête à emprunter, à s'endetter, à dérober même dans les magasins, constamment éloignée du foyer domestique, ennemie de la maternité, en attendant qu'elle se mette en révolte contre le lien conjugal. Le mâle de ce triste couple n'est pas moins repoussant : « homme de joie et homme de proie » tout à la fois, il gagne et prodigue l'argent avec un égal mépris de l'honneur et des lois morales ; le nombre des banqueroutes, des escroqueries et des abus de confiance donne la mesure de sa probité ; les progrès de la dépravation publique permettent d'apprécier sa moralité ; la statistique du suicide, de l'alcoolisme et de la folie indique le degré de bonheur dont il jouit. L'enfant, lorsqu'il y en a un, tient de ses père et mère : né vieux et en même temps voué, sous certains rapports, à une perpétuelle enfance, éloigné de la maison paternelle, il ne connaît que de nom le foyer domestique, il s'habitue à ne compter que sur lui-même, à ne croire qu'en lui, à ne chercher que son intérêt, à ne voir partout que le mal et le ridicule, à imiter en toutes choses les hommes faits. Avant même d'avoir atteint l'âge d'homme, il fume et joue, boit et parie, cause de politique et de coulisses, et se trouve lancé à travers le monde, sans attaches, sans appui, sans affections de famille, avec le scepticisme ironique pour toute science et la soif de la jouissance pour unique mobile.

Après avoir buriné ces figures sinistres ou grotesques, M. Nadault de Buffon signale la déplorable influence exercée par de tels exemples sur toutes les classes de la société ; il montre la corruption gagnant tour à tour la haute bourgeoisie après l'aristocratie financière, la petite bourgeoisie après la haute, le peuple après tous et plus que tous les autres. Il résume le mal en deux mots : dissolution de la famille, perversion du sens moral ; il en fait toucher du doigt les désastreuses conséquences, c'est-à-dire le développement des haines sociales, la gêne universelle malgré l'accroissement de la richesse publique, la dégénérescence de la race et la décroissance de la population.

Si, de ce livre, on passe, sans transition, à celui de M. de Ribbe, on éprouve une sensation analogue à celle qui s'empara d'Enée, quand il quitta le Ténare pour les champs Élysées. On est comme dégagé d'une pénible oppression, d'un cruel cauchemar ; on respire plus à l'aise, on contemple avec ravissement un ciel plus pur, une terre plus hospitalière :

> Largior hic campos æther et lumine vestit
> Purpureo ; solemque suum, sua sidera norunt.

On se trouve, en effet, au cœur de la vieille France, au milieu de gens d'expérience et de sens, parmi de bons chrétiens et de bons patriotes, dont un autre homme de bien recueille les suprêmes recommandations, nous transmet les dernières paroles.

Je n'essayerai pas de donner un résumé du livre de M. de Ribbe. Même incomplet, il dépasserait les bornes d'un article, sans dispenser de lire l'ouvrage. Il ne saurait non plus m'appartenir d'entreprendre ici l'éloge de cet important travail. Il a été loué de si haut dans la presse et au dehors, il a été recommandé ici même avec tant d'autorité par un éminent critique[1] ; il a, dès son apparition, rencontré dans le public un si favorable accueil qu'il suffit de constater son mérite et d'engager ceux qui ne le connaissent pas encore à se le procurer sans retard, à le lire et à le méditer. Ils y trouveront sûrement plaisir et profit. Mon seul but serait de préciser, en les résumant, les données historiques qu'il renferme, de mettre en relief les conclusions morales qui s'en dégagent et de rapprocher des usages étudiés en Provence par M. de Ribbe les coutumes analogues que d'autres écrivains ont pu relever sur différents points de nos anciennes provinces. L'ancien régime apparaîtrait ainsi sous son vrai jour, avec tous ses abus, mais avec sa puissante organisation sociale, en même temps que l'attention serait fixée sur une source nouvelle d'intéressantes études.

De tous les documents dont se forme l'histoire, il n'en est pas, en effet, de plus authentiques et de plus sûrs que les *livres de raison*. On sait ce qu'il faut entendre par là. Le *livre de raison*, héritage des Romains, religieusement conservé dans l'ancienne Provence, était à la fois le livre de comptes (*liber rationum*) et le mémorial domestique (*tablinum*) du père de famille antique. Quiconque savait écrire en tenait un, et le nombre des lettrés était déjà grand en Provence, avant 1789. Quelques-uns des chefs de famille se bornaient à inscrire sur ce livre les recettes et les dépenses ; la plupart y consignaient, sur des feuillets réservés, les principaux événements de leur vie de famille ; d'autres y mentionnaient, en outre, les divers incidents de

---

[1] Voir les quelques pages consacrées au livre de M. de Ribbe par M. Douhaire, dans une de ses dernières *Revues critiques*. (Numéro du *Correspondant,* du 25 avril 1873.)

leur vie publique, les faits les plus importants de l'histoire de la commune, les événements mémorables dont ils étaient témoins. Plusieurs y ajoutaient une copie de leur testament ; presque tous accompagnaient les mentions insérées sur le livre de réflexions pieuses, de prières ou de recommandations ; parfois ils leur donnaient les proportions d'autobiographies complètes ou même de véritables mémoires. Le *livre de raison* formait l'un des éléments constitutifs de la famille ; il était, pour les roturiers, ce que les archives sont pour l'État, les arbres généalogiques pour la noblesse. On se le transmettait de père en fils, en même temps que le foyer paternel ; on le respectait à l'égal du testament.

Tels sont les précieux documents que la confiance des familles a remis entre les mains de M. de Ribbe. Il en a consulté plusieurs centaines ; il en cite plus de cinquante dans son ouvrage. Ils appartiennent aux époques les plus diverses, depuis le commencement du quinzième siècle jusqu'à la fin du dix-huitième, bien que le plus grand nombre date du seizième siècle. Ils ont pour auteurs des hommes de toutes conditions, depuis le petit marchand jusqu'au grand seigneur, depuis le simple *mesnager* rural jusqu'aux descendants de ces vieilles lignées parlementaires qui comptaient parfois jusqu'à quinze et vingt générations de juges ou de magistrats municipaux. Si différentes cependant que soient les dates et les origines de ces *livres de raison*, on reconnaît, entre eux, une sorte de lien moral et comme un air de parenté. Tous, en effet, s'accordent à nous présenter la famille comme la base de l'ordre social, comme l'école de la vie politique, et l'autorité de leur témoignage unanime est accrue par la diversité de leur date et de leur origine, non moins que par leur destination purement intime. En parcourant ces souvenirs des siècles passés, véritables reliques sauvées de l'oubli par une publicité inespérée, on éprouve une surprise mêlée de quelque humiliation, on sent mieux la profondeur et la vérité du mot célèbre de madame de Staël : « Ce qui est nouveau en France, ce n'est pas la liberté, c'est le despotisme. » Sans doute, la liberté, dans la grande et noble acception du mot, la liberté politique étendue à tout l'État n'existe pas encore au temps où écrivent les pères de famille cités par M. de Ribbe ; mais leurs *livres de raison* prouvent avec quelle largeur d'idées et quelle entente pratique des nécessités administratives les municipalités provençales étaient alors organisées. Dans les papiers de famille, il est fort souvent question des franchises de la cité, des élections, des pouvoirs du consul et des affaires de la commune, auxquelles les rédacteurs des *livres de raison* paraissent prendre, en général, la part la plus active. Or, d'après leurs indications concordantes, recueillies et rapprochées par M. de

Ribbe, voici quels furent, depuis le quinzième siècle jusqu'à la Révolution, les principes constitutifs des communes provençales :

« 1° Tout chef de famille, propriétaire, ayant un intérêt dans la communauté locale à laquelle il est incorporé, est électeur. Il y est également éligible, à la condition d'offrir les garanties nécessaires par l'inscription d'une certaine valeur foncière au cadastre.

« 2° Sont obligatoires, sous peine d'amende, le suffrage de tout chef de famille électeur, l'assiduité de tout chef de famille élu. Ce suffrage et cette assiduité sont considérés comme des devoirs.

« 3° Sont obligatoires les fonctions locales auxquelles on a été nommé par le suffrage de ses concitoyens.

« 4° Ces fonctions sont temporaires, en sorte que tous aient leur part des charges et des honneurs.

« 5° Tous sont responsables : les élus dans leurs personnes et dans leurs biens, s'ils violent les lois ou administrent mal, par leur faute, les finances locales ; les électeurs dans leurs propriétés, qui sont le gage des créanciers, si la communauté des habitants devient impuissante à payer[1]. »

Je ne sais si, malgré sa réputation de libéralisme, notre génération osera jamais asseoir sur des bases aussi larges le régime municipal. Ici, ni intervention du pouvoir central dans le choix des magistrats municipaux, ni minorité des communes, ni tutelle administrative. Chaque ville fait ses affaires en toute indépendance, avec le concours, mais aussi aux risques et périls de tous ses habitants. Une garantie unique suffit pour assurer le fonctionnement régulier de ce régime à la fois si simple et si hardi : les chefs de famille propriétaires sont seuls électeurs, seuls éligibles. Élevés à l'école du foyer domestique, habitués par l'exemple paternel au respect du pouvoir et de l'autorité, préparés par la gestion de leurs propres intérêts au maniement des affaires publiques, ils prennent part aux votes municipaux ou remplissent les charges communales en hommes que préoccupe avant tout le soin de conserver leur patrimoine et d'assurer l'avenir de leurs enfants. Le sentiment paternel répond de leur prudence, le sentiment religieux maîtrise l'ardeur de leurs passions et prévient les fâcheux excès des rivalités locales. Ainsi se forment et se développent ces *familles consulaires* de Provence, où les magistratures municipales se perpétuent de génération en génération, pendant des siècles ; ainsi naissent et grandissent ces Cincinnatus

---

[1] M. de Ribbe, *les Familles et la Société en France avant la Révolution*, liv. I, chap. IV, pages 87 et 88.

campagnards qui font le désespoir des *commissaires départis*, des intendants, des *maistres des requestes*, de tous les représentants de la fiscalité royale, en un mot, et de qui l'un des agents du cardinal de Richelieu, Henri de Sourdis, écrivait, en 1637, à Sublet des Noyers : « Je n'ai pu faire céder une assemblée intraitable de certains consuls qu'on ne connaît pas, et qui retournent prendre le manche de la charrue après avoir quitté le chaperon [1]. »

Défenseurs énergiques de leurs libertés municipales vis-à-vis du pouvoir central et de ses agents, les pères de famille provençaux ne s'en montrent pas moins jaloux vis-à-vis de leurs propres élus : ils ne connaissent ni délégations générales, ni fonctionnaires à titre permanent. Leurs magistrats ne sont que les membres d'une sorte de commission de permanence chargée de veiller au maintien de l'ordre dans la cité et à la conservation des franchises de la commune. S'agit-il de prendre une détermination de quelque importance, de régler la situation financière de la ville, ce n'est pas un conseil municipal qui statue, c'est l'assemblée générale de tous les pères de famille contribuables, tenus, comme nous l'avons dit, à faire acte de présence, sous peine d'amende. Presque toujours ils se réunissent sur la place publique, souvent à l'ombre d'un orme séculaire ; et cela non-seulement dans de petites bourgades perdues au fond des montagnes, mais dans les plus importantes cités de la province, dans des villes telles que Toulon, Aix et Marseille. Ces assemblées comptent parfois quatre ou cinq mille membres ; néanmoins elles sont pacifiques et relativement calmes, ainsi que de nos jours les réunions des *vestries* anglaises, les *Landsgemeinden* des petits cantons suisses et les *town-councils* américains.

Comme aux États-Unis, également, la gestion des intérêts municipaux n'est confiée ni à un fonctionnaire électif unique, ni aux divers agents du pouvoir central. Les différents services municipaux sont fractionnés entre un grand nombre d'habitants désignés par les suffrages de leurs compatriotes. Chacun de ces délégués est spécialement préposé à l'une des branches de l'administration communale ; sa mission est des plus restreintes : elle est limitée de telle sorte que le plus grand nombre possible de « bourgeois » soit associé à l'administration de la cité, et que chacun d'eux n'ait à remplir qu'une tâche légère dont il puisse s'acquitter aisément sans négliger ses propres affaires. Dans ces bornes étroites, ils jouissent d'une liberté d'action à peu près complète, sanctionnée, il est vrai, par une rigoureuse responsabilité. L'un est chargé de la viabilité de son quartier, l'autre des ré-

---

[1] M. de Ribbe, *les Familles et la Société en France avant la Révolution*, liv. I, chap. v, page 140.

parations de la « maison de ville ; » celui-ci, de la garde des archives; celui-là, de la surveillance de l'école; tel autre, du nettoyage
des rues ou de l'entretien des fontaines publiques. Partout l'homme
du métier trouve sa place marquée ; partout les taxes prélevées sur
la masse des citoyens ont leur emploi spécial et direct : partout la
responsabilité est définie, précise, effective et facile à mettre en
jeu [1].

II

Si de l'hôtel de ville on passe à la maison d'école, on y voit l'intervention des pères de famille non moins active et non moins bien-
faisante. D'eux-mêmes, sans nul secours de l'État ni de ses délégués,
sous la seule inspiration du bon sens, de l'amour paternel et de la foi
religieuse, les pères de famille des plus petites communes provençales
avaient, dès le seizième siècle, inauguré le système scolaire que prati-
quent actuellement l'Allemagne, les États-Unis. la Suède, et qui nous
est depuis longtemps donné pour modèle. Si l'instruction primaire
n'était pas obligatoire en vertu d'un texte de loi formel, elle l'était,
du moins, moralement, d'après les canons des conciles et les recommandations impérieuses de l'Église. Elle était gratuite dans presque
toutes les villes, et, dans les campagnes, la charité privée payait
l'écolage des enfants indigents. Elle était surtout absolument indépendante de l'État : on eût, en effet, grandement surpris les bourgeois des sièces passés, si l'on avait proposé devant eux de faire
nommer les instituteurs par un fonctionnaire administratif, tel que
le préfet, et plus encore si l'on avait qualifié de mesure libérale cet
expédient autoritaire. Ils entendaient autrement la liberté scolaire :
ils regardaient comme une de leurs prérogatives les plus précieuses,
comme une de leurs obligations les plus strictes, celle de ne confier
à personne qu'à eux-mêmes ou à des délégués investis de leur confiance le choix des hommes chargés d'élever leurs enfants. Quelquefois l'école était une fondation privée, et, dans ce cas, le fondateur et
ses descendants, devenus *patrons scolaires*, exerçaient le droit de
nomination. Mais, le plus souvent, c'était au conseil municipal, élu
par les chefs de famille, c'est-à-dire à un corps analogue aux *Schul-
räthe* d'Allemagne, aux *Boards of schools* d'Amérique, qu'appartenait

---

[1] Sur tous ces points, les faits spéciaux révélés par M. de Ribbe ne font que
confirmer le tableau général, tracé par M. de Tocqueville, dans son livre : *de l'Ancien régime et de la Révolution*. (Voir spécialement liv. II, chap. III, p. 72 et suiv.)

la direction de l'instruction locale. Le conseil devait pourvoir à l'entretien des écoles ; il en fondait de nouvelles, s'il y avait lieu, arrêtait le programme des études, fixait le traitement de l'instituteur ; enfin, et c'était là son attribution la plus importante, il nommait le maître d'école. Cette nomination n'avait, au surplus, rien d'arbitraire : les brevets d'instituteur ou de *régent* étaient mis au concours. C'était ce que l'on appelait la *dispute des écoles.* Pour rehausser la position de l'instituteur, autant que pour témoigner du prix attaché par la commune à l'instruction, on avait soin d'entourer cette épreuve d'une certaine solennité. La commune payait les frais de nourriture et de logement des candidats. Annoncé plusieurs mois à l'avance, l'examen était subi devant un jury spécial, composé des hommes de la contrée les plus renommés pour leur savoir. Dans la petite commune de Solliès-Pont, par exemple, en 1612, deux avocats de la ville d'Hyères sont les juges du concours. Les pères de famille conservent toujours, d'ailleurs, le droit d'intervenir pour confirmer ou amender les décisions du jury d'examen. Une délibération de 1615 porte, en effet, que « de tout temps, les régents ont été désignés parmi les personnes les plus capables et les plus agréables aux assistants, après dispute. »

Le maître d'école est donc considéré, avant tout et par-dessus tout, comme l'auxiliaire et le délégué des pères de famille ; l'école n'est, en quelque sorte, qu'une succursale et une dépendance du foyer domestique. Aussi, dans toutes les communes, les chefs de famille se montrent-ils prodigues des deniers publics, lorsqu'il s'agit d'assurer la fondation ou la prospérité de l'école. Le traitement de l'instituteur est un des articles essentiels de tout budget municipal, même aux époques de détresse financière et de calamité publique.

« Dès l'époque où les budgets communaux sont dressés, en Provence, pour la liquidation des dettes locales, nous ne voyons pas, dit M. de Ribbe[1], une commune qui n'ait son maître ou régent d'école. Nous avons consulté un grand nombre de ces budgets, et nous les avons même tous recueillis pour certains cantons. Ils portent annuellement et invariablement une allocation pour un maître, quelquefois pour une maîtresse chargée de l'instruction des filles.

« Le chiffre de la subvention est plus ou moins élevé selon les pays ; il dépend de ce que l'instituteur peut percevoir directement des élèves, et, si ces ressources sont insuffisantes, le conseil municipal lui vient en aide. Ainsi, en 1658, à Solliès, le traitement des deux régents est augmenté, « à cause que les enfants pauvres don-

---

[1] M. de Ribbe, *les Familles et la Société en France avant la Révolution,* liv. II, chap. IV, p. 288.

« nent peu. » Il n'était que de 100 livres en 1635 ; en 1760, il est
porté pour l'un d'eux à 225 ; en 1771, à 288. Dans une autre commune, à Rogne, le conseil vote, en 1664, une subvention de 60
livres et règle le tarif des rétributions mensuelles que le maître sera
autorisé à recevoir, selon la classe fréquentée par l'élève : 4 sols par
mois pour les commençants ; 5 sols, pour ceux qui apprennent à
écrire le français ; 8 sols, pour ceux qui étudient l'arithmétique et
le latin. En 1697, la subvention est de 90 livres ; en 1725, elle s'é-
lève à 180 livres. Les communes fournissaient aux instituteurs le
logement, et une délibération du 7 décembre 1788, prise par celle
de Muy (Var), nous apprend que ces frais de logement sont évalués à
35 livres. » Ces chiffres paraîtront, sans doute, très-faibles ; mais
que l'on songe à la dépréciation constante de l'argent depuis un
siècle, que l'on tienne compte de l'augmentation énorme du prix
des denrées de première nécessité, et l'on reconnaîtra qu'avec leurs
appointements actuels de sept, huit cents et mille francs, les instituteurs sont encore plus gênés que ne pouvaient l'être leurs devanciers
avec un traitement fixe de 100 à 200 livres, dans un temps où madame de Sévigné parlait, comme d'un prodige de cherté, d'un pou-
let vendu deux sous en Bretagne.

Ainsi l'instruction primaire, aux seizième et dix-septième siècles,
et surtout au seizième, disposait, dans la plupart des communes
provençales, de ressources au moins égales à celles qu'elle possède
aujourd'hui. Elle était largement gratuite et à peu près obligatoire ;
mais nul ne songeait à la déclarer laïque. Tout au contraire, l'idée
de Dieu, le sentiment religieux étaient, à l'école comme dans la
famille, la base de l'éducation et le principe de toute autorité.

« *Les enfants apprendront à craindre et à louer Dieu ; ils seront
instruits dans la lecture, l'écriture, le calcul, et principalement dans
les bonnes mœurs* : telles sont les formules à peu près invariables
qui se reproduisent partout[1]. » La tâche du maître d'école ne diffère
pas à ce point de vue, de celle du père, ni de celle du catéchiste :
tous les *livres de raison* en font foi, tous les documents contemporains en portent unanimement témoignage. Selon les admirables paroles de Charron, appréciateur clairvoyant des besoins moraux de
l'enfance, malgré son scepticisme philosophique, le maître doit
« premièrement instruire l'enfant à craindre et révérer Dieu, trem-
bler sous ceste infinie et recogneue Majesté, luy remplir et grossir
le cœur d'ingénuité, franchise, candeur, intégrité et l'apprendre
à estre noblement et fièrement homme de bien. » Aux yeux des

---

[1] M. de Ribbe, *les Familles et la Société en France avant la Révolution*, liv. II,
chap. IV, p. 289.

pères de famille provençaux, faire de l'enfant un savant, lui donner ce que l'école radicale appelle aujourd'hui l'*instruction intégrale*, n'est pas la mission de l'instituteur ; en faire un homme n'est même pas, selon eux, le but principal de l'éducation ; elle doit, avant tout, s'attacher à en faire un chrétien. Les récits bibliques, les grandes scènes de l'Ancien Testament, les préceptes sublimes de l'Évangile sont l'objet habituel de l'enseignement : il a le Décalogue pour base, le *Credo* pour couronnement. Il faut d'ailleurs le remarquer, la religion qu'on enseigne alors soit dans les écoles, soit au foyer domestique, n'est point une religiosité indéfinie et vaguement philosophique, qui se contente d'adresser à Dieu un hommage platonique, sans l'honorer par un culte précis, ni par l'observation rigoureuse de certains préceptes moraux ; elle n'a rien, non plus, d'une dévotion étroite et extérieure, toute faite de pratiques surérogatoires, de démonstrations bruyantes, de formules sèches que ne vivifie pas le souffle du christianisme. Si, vers la fin du seizième siècle, avec les « confréries de pénitents » et les « flagellants, » le goût des manifestations théâtrales et parfois scandaleuses se répand en Provence, comme partout ailleurs, c'est contrairement aux traditions du pays, aux enseignements de l'école, et surtout malgré les conseils prodigués par les pères de famille dans leurs *livres de raison* : « Que vostre dévotion soit simple, sincère, ronde, sans éclat, » écrit, en 1687, un habitant d'une petite commune des Basses-Alpes, M. de Mongé, dans les dernières recommandations qu'il adresse à ses enfants ; « soyez meilleur que vous ne paroîtrez[1]. » Saint François de Sales ne parlait pas autrement lorsqu'il conseillait à madame de Chantal « d'aimer Dieu rondement, naifvement et à la vieille françoise, » ou lorsqu'il témoignait « de son amour pour l'âme du bon M. Le Prévost, » en disant « qu'elle lui sembloit bonne, ronde et franche[2]. »

III

On vient de voir les pères de famille provençaux dans leur vie publique, à la tête de la commune ou de l'école. Il est temps maintenant de les suivre là où ils sont vraiment, selon la vieille expression de leur temps, « maîtres et seigneurs, » là où s'exerce pleinement leur royauté patriarcale : au sein du foyer domestique. Le mot de royauté n'est pas trop fort pour qualifier le pouvoir absolu

[1] M. de Ribbe, liv. II, chap. II, page 232 en note.
[2] Cité par M. de Ribbe, liv. II, chap. II, page 232.

et souverain que les chefs de famille tiennent alors des lois, aussi bien que des mœurs. « Nous devons, dit le chancelier du Vair, dans sa *Philosophie des stoïques*, regarder nos pères comme des dieux en terre, qui ne nous sont pas seulement donnez pour nous moyenner la vie, mais pour nous la béatifier par une bonne nourriture et sage institution. » — « Les vrayes images de Dieu sur la terre, écrit Étienne Pasquier à un fils de famille, M. de Guerlière, sont les pères et mères envers leurs enfants... ; — souvenez vous, écrit-il à un autre, qu'êtes fils, et que le plus bel héritage que feu monsieur vostre père vous ait laissé en mourant est la mémoire de son nom, contre laquelle je vous prie de ne rien entreprendre. » Les rédacteurs des *livres de raison* provençaux ne tiennent pas un autre langage, ne nous tracent pas de la famille un tableau différent. Ainsi que le dit en termes excellents M. de Ribbe, « les familles vouées au travail, soit aux champs, soit ailleurs, constituent le personnel organisé d'autant de ces petits ateliers, qui ont la loi morale comme base des croyances et principe producteur des dévouements, la coutume du bien comme règle, l'épargne comme moyen de former et de reformer sans cesse le capital, le testament comme charte d'autonomie [1]. »

La conservation du domaine rural sans partage, la perpétuité du foyer, l'unité de la famille groupée autour du même chef et sous la même autorité : tels sont les principes universellement respectés sur lesquels reposait, avant 1789, l'organisation sociale en Provence. La puissance paternelle, absolue en principe, tempérée en fait par l'affection naturelle des parents pour leurs enfants, est le lien puissant et durable de ces petites sociétés domestiques, images et fondements de l'État. L'enfant y est soumis de sa naissance à sa mort ; ni la majorité, ni le mariage ne l'en affranchit. La femme qu'il épouse vient prendre place au sein de la famille de son mari ; la dot presque toujours faible qu'elle lui apporte et qui ne comprend jamais d'immeubles, se confond avec la masse de la fortune patrimoniale. Du fait du mariage, il ne se crée pas un nouveau foyer ; le père de famille acquiert purement et simplement, par adoption, un nouvel enfant. Son fils marié devient à son tour, père et même aïeul, sans arriver à la dignité de chef d'une famille indépendante. Seule, la volonté paternelle peut le faire sortir de sa perpétuelle minorité, soit en l'instituant héritier associé du vivant même du père, soit en le relevant de son incapacité légale par une émancipation solennelle, analogue à la *manumission* romaine. Rien de plus imposant, de plus

---

[1] M. de Ribbe, *les Familles et la Société en France avant la Révolution*, liv. III, chap. i, page 409.

touchant que cette cérémonie dont M. de Ribbe a retrouvé, dans les papiers de famille provençaux, le tableau naïf et la vive peinture.

« La scène se passe devant un juge, un consul et un notaire. Le père dit ses intentions et le juge l'interpelle pour savoir s'il agit sans subornation ni contrainte. Puis on procède à l'acte symbolique en vertu duquel le fils pourra désormais contracter, acquérir, vendre, recevoir, donner, tester, en un mot, avoir le plein gouvernement de lui-même :

« Le dit père estant assis sur une chaise et son fils au-devant de lui à deux genoux, teste nue, a mis les mains de son dit fils entre les siennes, et lors s'inclinant à la prière et réquisition d'icelui, de son pur gré, franche et libre volonté, l'a émancipé et mis en liberté et hors de la puissance paternelle, sauf naturellement l'honneur, respect et amitié que lui doit son fils stipulant et humblement remerciant.

« En signe de quoi, son dit père, élargissant ses mains, a relaxé celles de son dit fils, l'a mis et le met en pleine liberté, *le faisant père de famille*, pour d'hors en avant trafiquer, contracter tous actes, s'obliger personnes et biens, acquérir à soi et son profit, soit par libéralité d'autrui, soit par bonne fortune, et son labeur et industrie[1]. »

Redevable à son père de son existence juridique comme de sa vie physique, c'est encore au bon plaisir paternel que le fils devra plus tard sa fortune. La liberté, « cette jalouse liberté de tester, » pour parler comme le chancelier du Vair, existe avant 1789, en Provence ainsi que dans tout le Midi. Le testament est la sanction suprême de l'autorité paternelle. Le droit d'aînesse n'existe pas ; la quotité disponible ne dépasse pas les deux tiers des biens du testateur ; et même, quand le père laisse plus de cinq enfants, elle est réduite à la moitié ; néanmoins, la liberté de tester, ainsi restreinte, suffit pour assurer la conservation de l'unité des familles et, en quelque sorte, la perpétuité de l'autorité paternelle au delà du tombeau. A ce point de vue, on peut dire que la différence entre l'ancien et le nouveau régime est moins dans les lois que dans les mœurs, moins dans les institutions que dans les hommes chargés de les mettre en jeu. Ce n'est ni au chiffre de la quotité disponible, assez peu différent de celui qu'ont fixé nos lois actuelles, ni à la loi aristocratique du droit d'aînesse, inconnue en Provence, que les familles de ce pays doivent leur forte organisation, leur durée séculaire et leur inépuisable fécondité. Ces merveilleux résultats ont une autre cause : si les scis-

---

[1] M. de Ribbe, *les Familles et la Société en France avant la Révolution*, liv. II, chap. II, page 215.

sions, les partages, les procès ruineux sont si constamment préve-
nus par un habile usage du pouvoir paternel, c'est que le père de
famille, habitué à être entouré et obéi de ses enfants, ne néglige
jamais d'user de ses droits testamentaires. Nobles et plébéiens, pré-
sidents de compagnies souveraines et petits paysans font leur testament ; mourir intestat est considéré par tous comme un véritable
malheur. Si le père ne peut ni ne veut exhéréder complétement aucun de ses enfants, il a du moins le droit de prendre, dans leur
intérêt, les mesures les plus propres à empêcher les effets souvent
désastreux d'une fausse et artificielle égalité. Il peut convertir en
une rente la part de ceux de ses fils dont il redoute les tendances
dissipatrices ; il a presque toujours recours à la même combinaison
vis-à-vis de ses filles, afin d'éviter que des immeubles ne passent de
sa famille dans une autre ; enfin (et c'est là son œuvre capitale), il
institue, par acte de dernière volonté, s'il ne l'a déjà fait par acte
entre-vifs, son *héritier*, c'est-à-dire le nouveau chef de sa famille,
le conservateur de ses traditions et de son œuvre. C'est à cet *héritier*,
aîné ou non, que sont laissés dans son intégrité le foyer paternel et
le fonds patrimonial, avec mission de les conserver intacts et de les
transmettre aux générations à venir ; c'est lui qui doit recueillir sa
mère, élever ses plus jeunes frères, protéger, marier et doter ses
sœurs, continuer à la famille entière les conseils, l'assistance, les
consolations et l'appui que lui et les siens avaient jusqu'alors trouvé
auprès de leur père.

Voilà ce qu'était un testament provençal avant 1789. Il formait, en
quelque sorte, la pierre angulaire de la société, la charte de cette
unité sociale qui constituait alors la famille, et que Bodin, au seizième
siècle, définissait si bien : « Mesnage est le droit de gouvernement
de plusieurs subjects, sous l'obéissance d'un chef de famille. » Lorsqu'on voit en action cette énorme puissance du père de famille, on
sent plus que jamais la profondeur de l'abîme qui sépare l'ancienne
France de la société contemporaine. On ne sait lequel plus admirer,
de l'empire presque absolu dont le père de famille est investi, ou du
respect profond dont ses volontés sont entourées. A la suite de tant
de décisions si graves sur des intérêts vitaux, on ne constate ni procès de successions, ni brouilles de famille. La soumission des enfants est complète, comme l'autorité du père. Elle tient, en effet, à
un sentiment plus fort que la contrainte légale et même que l'amour
filial. Comme la puissance paternelle si étendue dans ses prérogatives et si sage dans ses applications, comme toutes les institutions
de la même époque, elle dérive de la foi religieuse. On accepte sans
murmurer l'arrêt du père de famille, parce qu'on sait qu'il n'est pas

mort tout entier, parce qu'on croit à une autre vie, à une réunion
future, à une justice éternelle et l'on justifie ainsi le mot si profond
de Leibniz : « Les testaments en droit pur n'auraient aucune existence de raison, si l'âme n'était immortelle. » Si le père lui-même
parle avec tant d'autorité, c'est qu'il se sent en présence de Dieu,
qu'il a la conscience d'agir sous son œil et comme son représentant.
Le sentiment religieux le plus profond et le plus élevé est le lien
de tous les enfants dans une même famille, de toutes les familles
dans une même ville. Seul, il sert de sauvegarde contre le despotisme
local et contre les abus d'autorité paternelle; seul, il est le frein de
tous les pouvoirs, la garantie de toutes les faiblesses. Il est comme
la substance commune des *livres de raison* consultés par M. de
Ribbe. Ces Mémoires d'humbles bourgeois provençaux, ces papiers
de famille en sont remplis et en quelque sorte pénétrés. La foi chrétienne y circule, pour ainsi dire, dans toute sa puissance, dans toute
sa pureté; elle y trouve des expressions touchantes, dont la simplicité même relève encore la mâle et forte beauté. C'est au nom de
Dieu, sous l'invocation de la sainte Vierge et des saints que le jeune
homme ouvre, le jour même de son mariage, le livre où seront re-
tracées les destinées du nouveau couple. C'est par une prière qu'au
lendemain de la mort de son père, l'héritier clôt l'ancien registre et
se prépare à en commencer un autre. Chaque événement de famille,
chaque incident de la vie est marqué par un nouvel appel à la miséricorde divine, par de touchantes et solennelles actions de grâces.
Un enfant vient-il à naître, le père note avec un soin scrupuleux
non-seulement la date de sa naissance, mais encore le jour et l'heure
de son baptême, les noms du parrain et de la marraine, souvent
choisis parmi les pauvres, par un admirable raffinement d'humilité
et de charité chrétiennes. Le père ne se borne pas à cette mention;
il renouvelle les engagements religieux pris au nom de l'enfant, sur
les fonts baptismaux, il appelle sur lui la bénédiction céleste et le
voue au service de Dieu. Plus d'un *livre de raison* renferme, à cet
égard, des paroles d'une énergie presque effrayante :

« Si elle doit offenser Dieu, dit en parlant de sa fille nouveau-née
un bourgeois provençal du dix-huitième siècle, que Dieu lui fasse
la grâce de la retirer de ce monde avant qu'elle ait l'usage de la raison! *Aut sancta, aut nulla*[1]... » — « Dieu, écrit un autre, la conserve toujours dans son innocence baptismale, et qu'il me l'enlève
de ce monde, si elle y manque! — Qu'elle meure plutôt que de don-

---

[1] *Livre de raison* de Trophime Tronc de Codolet (1756-1823), cité par M. Ch. de
Ribbe, liv. I, ch. ii, page 46

ner à gauche ! — Dieu lui fasse la grâce d'observer religieusement tout ce que j'ai promis pour elle sur les fonts baptismaux, et que Dieu l'enlève plutôt que de faire brèche à sa vertu[1] ! »

La même pensée religieuse, qui consacre le berceau des enfants et sanctifie les joies de la famille, tempère, au jour de l'épreuve, les amertumes de la séparation :

« Le 26 octobre 1736, écrit un bourgeois de Toulon, Jean Laugier, ma chère femme est décédée, munie des sacrements de l'Église. Dieu veuille la recevoir dans son saint paradis ! Qu'il récompense par une éternité de gloire ses bonnes qualités et la tendresse qu'elle a eue toujours pour moi et pour mes enfants[2] ! »

Frappé, à son tour, du même coup, le fils de Jean Laugier écrit en 1753 : « Le 13 du mois de juillet, j'ai perdu ma femme, qu'une fièvre maligne, survenue après ses couches, emporta en quatre jours. L'union tendre, sincère et inaltérable qui avait toujours régné entre nous, sa piété, ses vertus et l'attachement inexprimable qu'elle avait pour moi me la rendaient infiniment chère. Elle faisait tout mon plaisir et toute ma consolation. Le Seigneur ne pouvait me frapper par un endroit plus sensible. Que sa sainte volonté soit faite ! Je le prie de lui faire miséricorde et de me donner la consolation dont j'ai besoin. Qu'il me fasse la grâce de nous rejoindre l'un et l'autre dans son paradis, pour le bénir et le louer éternellement. Ainsi soit-il[3] ! »

L'invocation à la miséricorde divine n'est pas seulement le soutien de ces vaillants chrétiens dans les heures d'angoisse : elle est encore le point de départ de chacune de leurs entreprises ; elle préside à tous leurs actes, à leur vie entière. Un bourgeois d'Ollioules, déjà avancé en âge, plante-t-il une vigne, il en fait mention sur son *livre de raison* et ajoute : « *Dieu nous laysse veser que buva del vin :* Dieu nous donne assez de vie pour en boire le vin ! » Un autre recommande à Dieu ses nouvelles plantations d'oliviers ; un troisième a, dans son *livre de raison*, un chapitre ainsi intitulé : « Compte des brebis que Dieu nous a données[4]. » Ce sentiment de confiance en Dieu, mêlé aux moindres détails de la vie et aux préoccupations du métier, trouve parfois des expressions d'une naïveté qui fait sourire. Voici, par exemple, comment un notaire lettré du

[1] *Livre de raison* de Pierre de Saboulin (1734), cité par M. Ch. de Ribbe, liv. I, chap. II, page 47.

[2] M. de Ribbe, *Livre de raison* de Pierre de Saboulin (1734), liv. II, chap. VIII, page 394.

[3] M. de Ribbe, *les Familles et la Société en France avant la Révolution*, liv. II, chap. VIII, pag. 395.

[4] M. de Ribbe, *les Familles et la Société en France avant la Révolution*, liv. I, chap. II, pages 52 et 53.

dix-septième siècle, cité par M. de Ribbe, commence son *livre de raison :*

> Mon Dieu, mon Saint-Esprit, mon Seigneur souverain,
> Illuminez mon cœur, mon sens et ma mémoire,
> Conduisez, s'il vous plaist, mon ignorante main,
> Afin que mes contracts soyent tous à vostre gloire.

Un autre ouvre son livre par le quatrain suivant :

> Je vous prie, ô mon Dieu, toujours m'estre propice,
> Et gouverner mes dicts, mes pensées et mes faicts,
> Afin qu'estant exempt de crime et de méfaicts,
> Je puisse, selon vous, exercer mon office [1].

Cette poésie notariale vient de nous faire toucher aux limites du comique. Voici maintenant le sublime. La foi religieuse des pères de famille provençaux y arrive d'un seul élan, et, en quelque sorte, de plain pied, en face de ce « maistre jour de la mort », où elle subit sa dernière et sa plus victorieuse épreuve. En tête du testament par lequel il règle en souverain le sort de toute sa famille, le père renouvelle sa profession de foi chrétienne, il s'humilie devant Dieu avant de commander à ses enfants ; il adore la main toute-puissante de son Créateur et de son Sauveur en des termes dont les plus grands philosophes de l'antiquité, Socrate, Aristote et Platon, eussent envié la sobre et majestueuse grandeur :

« Seigneur ! Dieu, père omnipotent, qui m'a mis au monde et fabriqué de néant », écrit un conseiller à la cour des comptes de Provence, Jehan Duranti, en tête de son testament daté du 15 octobre 1593, « je te recommande mon esprit et mon âme, quand il te plaira l'appeler à toy et qu'elle abandonnera ce corps corruptible. Qu'il te plaise la recevoir entre tes mains, combien qu'elle en soit indigne ! Et, pour tant de diverses offenses qu'elle a commises contre ta divine bonté, je te prie très-humblement, n'entre poinct en jugement avec ton serviteur, ny regarde à ses iniquités. Car, si ainsi estoit, mon jugement en est jà faict. Par ta saincte bonté et grâce, aye miséricorde de ce pauvre pescheur, et donne luy la grâce de pouvoir disposer du bien qu'il t'a pleu luy donner entre ses enfans, et que eux et leurs hoirs et les hoirs de leurs hoirs les puissent posséder longuement, sans procès ny rancune, lesquels je mets entre les mains et sauvegarde, pour les conduire suivant ta saincte volonté. »

A un siècle de distance, un autre testateur, Rossel d'Aubarne, seigneur de Fontarèches, ne parle pas un autre langage. Il prescrit à

---

[1] M. de Ribbe, *les Familles et la Société en France avant la Révolution*, liv. I, chap. II, page 56.

ses descendants « de ne servir que Dieu seul, d'entourer des plus grands respects leur mère, de vénérer le roi et d'être toujours fidèles à sa cause, de rendre à chacun ce qui lui est dû, de s'aimer, de s'entr'aimer et de s'assister mutuellement : ainsi je le veux, ajoute-t-il, ainsi je l'ordonne, telle est la justice, tel est l'intérêt de mes enfants[1]. »

IV

Les extraits des *livres de raison* réunis par M. de Ribbe ne nous présentent pas seulement un tableau moral d'une beauté achevée, ils nous permettent encore d'apprécier, de toucher, pour ainsi dire, du doigt les heureux résultats des mœurs si fortes et si pures qu'ils nous dépeignent. L'ancien régime nous y apparaît sous un jour tellement nouveau, que nous hésitons presque à en croire l'irrécusable témoignage des contemporains. Habitués à juger de confiance sur la foi d'historiens plus superficiels qu'érudits et souvent plus systématiques que sincères, nous nous sommes accoutumés à ne voir dans les siècles antérieurs à la Révolution que des temps de calamités, de douleurs et de ténèbres. L'oppression des peuples, la division et l'hostilité des castes sociales, la concentration de la propriété dans les mains de quelques privilégiés, la misère générale et l'ignorance universelle : tels sont les traits sous lesquels nous nous représentons la France d'avant 1789. Le « pauvre bûcheron tout couvert de ramée » de la Fontaine, ces « animaux velus et noirs » que la Bruyère nous dépeint courbés sur la terre et acharnés à la gratter, le paysan ruiné dont Fénelon et Vauban dénonçaient si éloquemment les souffrances, dans les dernières années du règne de Louis XIV : tels sont, pour nous, les types symboliques de la vieille France monarchique.

Ces types ont existé sans doute, et il serait injuste et cruel de leur refuser sympathie et pitié ; mais il n'y aurait ni moins d'injustice, ni moins d'exagération à les généraliser outre mesure. Si la condition des masses populaires était presque partout devenue déplorable à la veille de la Révolution, elle ne l'avait pas toujours été au même degré ; si elle avait, de tout temps, été fort dure dans les « pays d'élection » soumis au bon plaisir des agents du pouvoir central, elle était, au contraire, des plus douces là où les populations avaient réussi, malgré la féodalité et le despotisme royal, à rester en

---

[1] M. de Ribbe, *les Familles et la Société en France avant la Révolution*, liv. III, chap. iii, page 479.

possession de leurs franchises municipales. La situation de l'ancienne Provence, telle que M. de Ribbe nous la dépeint d'après des documents d'une authenticité indiscutable, en est une preuve manifeste. Grâce à des prodiges de travail et d'économie, des familles, à la fois aisées et nombreuses, se maintiennent, prospèrent et grandissent pendant des siècles; elles arrivent ainsi, par la seule force des mœurs privées, par la simple et constante pratique des vertus domestiques, à la solution de ce problème social, dont les générations actuelles demandent en vain la clef aux calculs statistiques et aux théories de la science économique : elles concilient la conservation des fortunes avec l'accroissement de la population, la multiplication des enfants avec le développement de la richesse publique. Elles ont pour elles, non-seulement le nombre et le travail, mais encore l'instruction. Dès le seizième siècle, il n'est si pauvre commune provençale qui ne paye son instituteur, qui n'ait sa maison d'école ou sa fondation scolaire; dans plusieurs bourgades et jusque dans les plus petits villages des Alpes, les illettrés sont exclus des fonctions municipales ; enfin, il n'est pas rare de voir le programme de l'école primaire comprendre, outre la lecture, l'écriture, le calcul, la grammaire, l'histoire sainte et le catéchisme, les éléments de la musique et même un peu de latin. Ces écoles, si bien organisées, ne sont pas, comme celles de nos jours, frequentées exclusivement par les classes ouvrières : elles comptent aussi parmi leurs élèves les enfants de la bourgeoisie qui viennent y commencer leur éducation avant d'entrer au collége ; elles ont ainsi, dans une certaine mesure, le caractère démocratique qui distingue aujourd'hui les *common-schools* américaines.

L'un des traits les plus remarquables de cette vieille société provençale, que M. de Ribbe a pour ainsi dire ressuscitée, est, en effet, l'absence de tout esprit de caste, de toute morgue aristocratique, de tout égoïsme de classe. Grâce à l'autonomie municipale, nobles et roturiers, bourgeois et manants participent aux mêmes charges et aux mêmes honneurs. L'hôtel du grand seigneur, la maison du gros marchand, la chaumière du manouvrier se touchent au sein de la même ville, dans les limites du même quartier. Chacun d'eux connaît et parfois fréquente ses voisins; chacun est possesseur de son toit et maître absolu dans son foyer. Le sol rural est déjà très-morcelé : dès le quinzième siècle, les rôles des contributions attestent l'existence et le développement de la petite propriété. Enfin, la communauté de la foi religieuse, l'énergie du sentiment chrétien, la pratique constante de la charité directe et personnelle établissent entre les habitants d'une même ville des liens puissants et indissolubles. La société est organisée et, en quelque sorte, *hiérarchisée;*

elle n'est pas divisée et violemment scindée. L'appellation de *dé-classé* n'existe pas plus que la chose. Chacun connaît sa place, et la garde ; chacun suit la voie que lui ont tracée ses ancêtres. Les faibles ne jalousent pas les puissants, les humbles ne portent pas envie aux grands, parce que ceux-ci ne craignent pas d'élever jusqu'à eux leurs inférieurs, en les soulageant sans les blesser, en les conseillant sans les flatter. La question sociale n'existe pas, parce que le soin des malheureux est universel et constant. Il n'est pas de famille riche qui n'ait sa clientèle d'indigents, pas de testament qui ne contienne la part des pauvres, pas de père de famille qui ne les recommande en mourant à ses enfants. C'est le temps où la vertu des filles pauvres est protégée par les peines les plus sévères et les plus rigoureusement appliquées contre les entreprises des séducteurs riches ; c'est le temps où un amiral de France, messire Malet, sire de Granville, « lègue au menu peuple, le plus chargé de tailles, pour la diminution d'icelles, 80,000 livres, déclarant avoir eu des roys de France, qu'il avoit servis par longues années, de grands estats, dons et bienfaits, à raison desquels le peuple avait été surchargé, et que, pour son regard, il en faisait un scrupule de conscience. » C'est encore à cette époque, dans ces siècles d'ancien régime si sévèrement condamnés, qu'Olivier de Serres écrit son *Mesnage des champs*, et y trace, en ces termes admirables, le rôle du maître vis-à-vis de ses serviteurs : « Quant aux ouvriers et paysans, le père de famille les chérira comme ses enfants, pour, en leurs besoins, les soulager de ses crédits et faveurs,... leur fera faire bonne justice,... sera sévère punisseur des vices, à ce qu'extirpés de sa terre, Dieu y soit seul servi et honoré. Il adjoustera à ces œuvres pies et charitables de s'employer à pacifier les différends et querelles entre ses subjects et voisins, les gardant d'entrer en procès, et à les en sortir, s'ils y sont ; à ce que, la paix estant conservée parmi eux, il participe lui-mesme à l'aise et repos qu'il aura produit, imitant par son entremise plusieurs grands seigneurs et gentilshommes de ce roïaume, lesquels, avec beaucoup d'honneur, ont telle exquise partie en recommandation... Il aimera les pauvres pour exercer charité envers eux, leur despartant de ses biens selon ses moïens et selon leurs nécessités, desquelles il s'enquerra surtout en temps de famine et de cherté, comme aussi, en toutes saisons, des pauvres malades, nécessiteux et désolés, pour leur assister opportunément de vivres, d'habits, de deniers, de consolations, aïant au cœur : « Que Dieu conserve et bénit la maison qui a pitié du pauvre misérable. »

V

Les longs développements qui précèdent n'ont dû laisser au lecteur aucun doute sur la valeur et sur l'intérêt de l'œuvre de M. de Ribbe. On a vu combien son livre est consciencieux, original et intéressant, de quels préjugés invétérés il fait justice, de quelles accusations imméritées il disculpe l'ancien régime. A lui seul cependant il n'est pas suffisamment probant. Les documents que M. de Ribbe a consultés et qu'il cite ont, sans doute, d'autant plus de poids, qu'ils sont tirés des archives des familles et empruntés aux siècles les plus différents, aux classes sociales les plus diverses. Ils échappent, dès lors, au reproche d'avoir été composés en vue de la publicité, ou de ne représenter que l'image d'une époque privilégiée, d'une élite intellectuelle et morale. Mais, s'ils ont le mérite incontestable de la sincérité, on peut, d'un autre côté, se fonder, pour contester leur autorité, sur leur caractère exclusivement provençal. Ils nous offrent le tableau séduisant de l'ancienne Provence, c'est-à-dire d'un pays favorisé du ciel, doué d'un climat enchanteur, d'un sol fertile et d'un littoral admirable où afflue, depuis des siècles, la majeure partie du commerce méditerranéen. Ils nous montrent le régime municipal florissant dans une ancienne colonie romaine, où l'empreinte des mœurs et des institutions de la conquête ne s'est jamais effacée; ils nous révèlent l'existence d'écoles nombreuses et bien organisées dans un pays qui fut, au moyen âge, le berceau des troubadours et de la *gaie science;* ils nous font voir, dans l'autorité si étendue des pères de famille des cinq derniers siècles, la continuation de la *patria potestas* romaine, dans les *livres de raison* le souvenir du *tablinum* antique. Pour que la démonstration fût complète, pour qu'elle profitât à l'ancien régime, il faudrait que l'on pût retrouver dans d'autres provinces, surtout au nord de la Loire, la trace d'institutions et de coutumes analogues à celles que M. de Ribbe a si bien étudiées en Provence.

Ici, la tâche est presque tout entière à remplir. Elle est vaste et compliquée, mais bien digne de tenter l'esprit investigateur des érudits modestes et des savants inconnus que la province renferme en si grand nombre. Les éléments de travaux semblables au livre de M. de Ribbe abondent certainement, soit dans les archives des villes, soit dans les papiers des vieilles familles provinciales. Il faut se hâter d'en faire usage, les mettre, sans retard, à l'abri des atteintes du temps et de la main des ménagères, souvent plus meurtrière que le temps lui-même.

C'est à peine si quelques études de détail ont déjà été publiées sur les mœurs des générations antérieures à 1789, sur leurs usages scolaires, leurs institutions municipales et leur régime testamentaire ; mais, si limité que soit le champ de leurs investigations, les faits locaux qu'elles révèlent, les résultats partiels qui s'en dégagent suffisent pour faire présumer l'identité des mœurs privées et des institutions locales de l'ancienne France septentrionale avec celles dont M. de Ribbe a retrouvé la trace en Provence.

Il paraît, tout d'abord, certain que, si l'usage des mémoires de famille ou *livres de raison* a été plus général en Provence que partout ailleurs, il n'en était pas moins très-répandu dans les autres provinces du royaume. L'esprit d'ordre de nos ancêtres suffirait à le faire supposer, et plus d'un document tend à le prouver. Dès 1855, la publication du journal de la comtesse de Sanzay[1] mettait entre les mains des érudits un curieux spécimen des livres de comptes d'une grande famille normande au seizième siècle. Toutefois, le manuscrit de la noble châtelaine était aussi pauvre en souvenirs de famille, en détails généalogiques et en réflexions morales et religieuses que riche en supputations, en chiffres, en indications de prix et de valeurs. C'était, en un mot, un registre de dépenses plutôt qu'un livre de famille. Par là, il différait essentiellement des *livres de raison* provençaux.

Il en est autrement de trois publications plus récentes, dues à des savants de province et bien faites pour exciter l'émulation de leurs confrères en érudition. L'une est une petite brochure, intitulée : *Papiers curieux d'une famille de Bresse*[2] ; l'autre, la *Chronique du maréchal ferrant J.-B. Hun de Turckheim de 1273 à 1858*, sorte d'histoire locale et domestique, commencée par un humble artisan, en plein moyen âge, continuée par ses descendants et insérée dernièrement dans la *Revue d'Alsace*[3] ; la troisième, enfin, et la plus importante est la volumineuse collection des *Manuscrits de Pagès*[4], mis en ordre et imprimés par les soins d'un

---

[1] *Journal de la comtesse de Sanzay*, etc., publié par le comte Hector de la Ferrière. Percy–Paris, Dumoulin, 1855. 1 volume in-8°. (Bibliothèque nationale. *Imprimés*, n° du catalogue Li²⁸ 46.)

[2] *Papiers curieux d'une famille de Bresse*, par Philibert Le Duc. Nantua. Arène. 1862. 1 volume in–16. (Bibliothèque nationale. *Imprimés*, n° du catalogue Lk³ 412.)

[3] Nouvelle série, 1872, tome 1ᵉʳ, pages 522 et suivantes.

[4] *Manuscrits de Pagès, marchand d'Amiens*, écrits, à la fin du dix–septième et au commencement du dix–huitième siècle, sur Amiens et la Picardie, mis en ordre et publiés par Louis Douchet, membre de la Société des antiquaires de Picardie. Amiens ; Caron, 1856–59 ; 6 volumes in-8°. (Bibliothèque nationale. *Imprimés*, n° du catalogue Lk² 1340.)

antiquaire de Picardie. Pagès était un bon bourgeois d'Amiens. Il y fit, de 1684 à 1723, le commerce de la mercerie, et ne s'éloigna jamais de sa ville natale. Plus instruit que la plupart des hommes de son temps et de sa condition, il ne cessa d'étudier les origines, les institutions, les mœurs et les monuments d'Amiens et de ses environs, et il consigna le résultat de ses recherches historiques et archéologiques, à la suite du registre où il tenait note des principaux événements de sa vie de famille. C'est bien là, sous le ciel du Nord, le *livre de la raison*, exact et complet, à la fois moral et financier, familial et municipal, tel que M. de Ribbe l'a exhumé, à l'autre extrémité de la France, de la poudre des archives provençales.

Si de la forme nous passons au fond de ces documents historiques, l'analogie apparaît, plus frappante encore, entre les anciennes mœurs domestiques du Midi et celles du Nord. Voici, par exemple, le début de la généalogie paternelle et maternelle écrite par Pagès :

« Dieu a béni mon mariage avec Jeanne de Rouvroy, ma femme, fille de Pierre de Rouvroy, marchand épicier de cette ville, et de Jeanne Acard, ses père et mère, par la naissance de huit enfants, sçavoir d'un garçon et de sept filles, jusqu'à ce jour, 20e de janvier 1701, que j'écris la présente généalogie...[1]. » — Ne reconnaît-on pas ici la simplicité naïve dont nous avons tant de fois trouvé l'empreinte dans les *livres de raison*?

Plus loin, Pagès mentionne le jour et l'heure de la naissance, du baptême de ses enfants, et jusqu'au moindre détail de ces importants événements domestiques avec le même soin, presque dans les mêmes termes que les pères de famille provençaux cités par M. de Ribbe :

« La divine bonté, dit-il, continuant de verser ses saintes bénédictions sur notre mariage, nous favorise par la naissance d'un fils. Je prie Dieu de tout mon cœur que, par le mérite de son précieux sang, il luy plaise faire la grâce au père, à la mère et à nos neuf enfants, tous vivants, de le servir si fidèlement sur la terre, que nous puissions le posséder éternellement dans le ciel. Ainsi soit-il[2]! »

La première communion, la confirmation des enfants, sont notées de même avec une religieuse gratitude pour la bonté de Dieu, avec foi dans sa miséricorde. Aux jours d'épreuve et de séparation, la douleur n'étouffe pas l'espoir en la grâce divine. Le sentiment chrétien redouble, au contraire, d'énergie. Le 27 février 1708, Pagès

---

[1] *Manuscrits de Pagès;* supplément, tome VI, page 26. (Extraits du manuscrit, de 155 pages in-4°, de la main de Pagès, contenant toute sa généalogie paternelle et maternelle.)

[2] *Manuscrits de Pagès*, t. VI, p. 29 et 30.

perd sa fille Agnès, âgée de treize ans ; et, après avoir rappelé, en quelques mots pleins de tristesse, ce douloureux événement, il ajoute :

« Le lendemain, sur les onze heures du matin, elle fut portée par les prestres dans notre église paroissiale de Saint-Martin, dans laquelle, après qu'on eut chanté l'office des morts à trois leçons, les laudes et une messe haute, elle fut enterrée dans ladite église, au milieu de la nef, devant le crucifix du jubé, où elle repose en attendant la résurrection générale et le jugement universel, dans lequel je prie notre redoutable Juge de vouloir nous faire à tous miséricorde, pour jouir éternellement de sa divine présence. Ainsi soit-il ! — *Requiescat in pace. Amen*[1]. »

Ce n'est pas seulement par la mention des événements de famille et par la manifestation répétée du sentiment chrétien que les manuscrits de Pagès méritent d'être comparés aux *livres de raison* provençaux ; comme ceux-ci, ils nous fournissent encore, sur les institutions locales d'Amiens et de la Picardie, plus d'une indication précieuse, d'où semble se dégager l'identité morale des diverses provinces de l'ancienne France. Ainsi, d'après la charte de la commune d'Amiens, dont le texte est rapporté dans les Mémoires de Pagès, les fonctions de maire et d'échevin sont obligatoires, comme celles de consul en Provence ; la sanction pénale du refus est même beaucoup plus rigoureuse en Picardie que dans le Midi : le réfractaire encourt non pas une simple amende, mais une peine vraiment draconienne, la démolition de sa maison[2]! Comme en Provence, les élections municipales ont lieu au scrutin secret, à partir du milieu du seizième siècle ; de même qu'en Provence le droit de suffrage est le privilége des pères de famille contribuables, de même, à Amiens, il est réservé aux *maîtres compagnons* qui composent les corporations ou *bannières*. Enfin, comme en Provence, la liberté testamentaire est étendue, et l'usage du testament universel. Mourir intestat n'est pas seulement tenu pour un malheur

---

[1] *Manuscrits de Pagès*, t. VI, p. 35.

[2] « *Item*, chaque bannière fait son majeur, fors ly waidiers et ly merciers, et les maires et eskevins d'Amiens font de ces deux bannières mayeur.

« *Item*, les maires et eskevins nomment par leurs serments trois personnes de leur eskevinage pour estre mayeur de la cité de l'un de ces trois, et portent mayeurs des bannières ces trois personnes, et les mayeurs des bannières en prennent l'un, et par leur serment le mieux suffisant, et ne le peuvent les mayeurs de bannière refuser que l'un de ces trois ne soit prins, et convient que cil qui prins est fasse serment de le mairie, et s'il ne le veut faire, on abattera sa maison, et demeurera en la mercy du Roy, au jugement des eskevins, etc. » — Même pénalité pour le refus de l'échevinage ou de l'office de « compteur. » (*Manuscrits de Pagès*, t. Ier, p. 483 et 484.)

grave, mais encore pour un déshonneur, presque pour un crime. A Abbeville, on refuse la sépulture aux intestats, et il faut, en 1409, un arrêt du Parlement, pour faire disparaître cet usage étrange, où le respect de la puissance paternelle et de la volonté des mourants est poussé jusqu'à la barbarie.

Dans les papiers de famille des Bressans, l'autorité paternelle ne nous apparaît pas entourée d'un moindre respect qu'en Provence et en Picardie. Là aussi, le père est souverain absolu dans son foyer; tous ses enfants, majeurs ou mineurs, mariés ou non, restent groupés sous son toit et sous sa puissance; l'émancipation seule les rend indépendants, et elle est accordée dans la forme symbolique, si touchante et si solennelle, dont M. de Ribbe nous a déjà donné la description. Voici, à titre d'exemple, l'une des vieilles chartes tirées des archives de la famille Riboud, de Bourg en Bresse :

« Du 27 avril 1715. Par-devant nous, Louis Davier, advocat en parlement, juge ordinaire, civil et criminel en la justice du Pont-Dains et terres en dépendantes, a comparu Me Jean-Bernard Riboud, advocat en parlement, résidant à Bourg en Bresse, lequel nous a dit et remontré qu'estant aagé d'environ vingt-sept ans, gradué et versé aux affaires, et en estat d'acquérir en son propre et gouverner ses affaires, il auroit supplié très-humblement sieur Claude-François Riboud son père de le vouloir émanciper ; lequel à ces fins se seroit transporté avec luy au lieu de Pontdains en nostre hostel, et adhérant aux supplications dudit Me Riboud, son filz, et estant assis dans un fauteuil, ledit Me Riboud estant à genoux aux piedz de sondit père, les mains jointes, ledit sieur Riboud tenant les mains sur la teste de sondit filz, auroit levé les mains de dessus sa teste, luy auroit ouvert les mains qu'il tenoit jointes et luy auroit commandé de se lever, luy déclarant qu'il l'émancipe, et le met hors de sa puissance, avec pouvoir qu'il luy donne d'acquérir et gouverner ses affaires, vendre, acheter et disposer de ses biens et dernière volonté, comme personne libre et bon père de famille, à la charge néantmoins de luy porter le respect qu'un filz doit à son père; ce que ledit Riboud a promis de faire; dont il nous a requis acte, et ont signé avec nous et nostre greffier[1], etc. »

Deux ans après, François Riboud émancipait dans les mêmes formes un autre de ses fils, âgé de vingt-cinq ans, « à la condition expresse, et non autrement, qu'il ne pourroit contracter aucun mariage sans son consentement et authorité[2]. » Quelques années plus tard, il mourait, laissant une fortune considérable pour l'époque, et

---

[1] *Papiers curieux d'une famille de Bresse*, p. 67 et 68.
[2] *Ibid.*, p. 75.

notamment une bibliothèque de quinze cents volumes. « La famille, disent les papiers publiés par M. Le Duc, conserva un in-4° manuscrit, relié en rouge, sur lequel il avait, pendant un séjour à Paris, copié d'une très-belle écriture *l'Imitation de Jésus-Christ.* »

Si minime qu'il soit, ce dernier fait a paru digne de mention : il contribue à prouver combien a été exagérée la prétendue ignorance de l'ancien régime. On a vu plus haut les développements que l'instruction primaire avait pris en Provence, bien avant 1789, sous l'impulsion énergique et la direction dévouée des pères de famille. Les faits constatés par M. de Ribbe dans son pays natal se reproduisent ailleurs. Au seizième siècle, dans le diocèse d'Évreux, chaque paroisse a sa maison scolaire, chaque école a sa fondation due à la munificence de la commune ou à la générosité privée. Sous François Ier, un ambassadeur vénitien, Marino Giustiniano, constate qu'en France, « il n'est personne, si pauvre qu'il soit, qui n'apprenne à lire et à écrire. » Michel Suriano s'exprime de même, en 1561, dans la *Relation* qu'il adresse à la Sérénissime République, au retour de son ambassade. Les guerres civiles et religieuses, les invasions et la misère qui en est la suite, retardent, il est vrai, pendant de longues années, les progrès de l'éducation populaire. Néanmoins, dans les périodes les plus désastreuses, aux époques les plus troublées, la sollicitude des classes moyennes pour cet objet essentiel d'une bonne administration ne se dément, ne se relâche jamais. Tous les cahiers des états généraux, tous les vœux des assemblées de notables en font foi. On en trouve le témoignage plus fréquent et plus éclatant encore dans les délibérations des assemblées des pays d'états. Enfin, au déclin du dix-huitième siècle, sous le gouvernement paternel, éclairé et réformateur de Louis XVI, il semble que l'on ait regagné en quelques années tout le terrain perdu pendant deux siècles de despotisme. De patientes recherches, faites sur les registres des paroisses ou des bailliages, tendraient en effet à prouver, contrairement à l'opinion généralement répandue, qu'au moins dans les pays d'états, le niveau de l'instruction populaire était, à la veille de la Révolution, aussi élevé qu'aujourd'hui. M. de Ribbe a trouvé dans les *livres de raison,* dans leur forme précise et souvent élégante, dans leur écriture ordinairement belle, la preuve matérielle du degré d'instruction qu'avaient acquis, sous l'ancien régime, toutes les classes de la population provençale. En Artois, on a été amené à reconnaître, par l'examen des actes de l'état civil, que, dans plusieurs communes, le nombre des hommes en état de signer leur nom dépassait, avant 1789, non-seulement la moyenne du commencement de ce siècle, mais encore la moyenne actuelle. Enfin, durant les longues investigations auxquelles il a dû se livrer pour la composition de son remarquable livre sur *les Assemblées provinciales*, M. Léonce de Lavergne a été frappé du degré d'instruction que dénotaient presque partout l'aspect et le style des nombreux documents qui ont passé entre ses mains : il en a admiré, dit-il, l'écriture nette et ferme, la rédaction claire et presque toujours correcte. Il ne faudrait sans doute pas exagérer la portée de ces indices ; il n'en faudrait pas conclure à la science des siècles passés et à l'ignorance du nôtre. Néanmoins, la concordance de ces faits indiscutables mérite de fixer l'attention : elle doit nous engager à multiplier les recherches pour éclaircir le problème historique qui s'en dégage ; elle doit surtout servir à nous mettre en garde contre les accusations absolues d'ignorance qu'il est d'usage d'adresser indistinctement et sans examen à l'ancien régime.

Si les progrès de notre instruction primaire sont douteux, ceux de la population et de l'union sociale parmi nous sont beaucoup plus problématiques. Les familles nombreuses dont les *livres de raison* racontent les destinées n'existaient pas seulement en Provence. En dépit des guerres, des famines, des fléaux de tout genre, le nombre des habitants de la France s'accroissait rapidement, et, malgré la difficulté d'arriver à une donnée statistique quelque peu sérieuse, lorsqu'il s'agit de temps si reculés, des auteurs dignes de foi ne l'évaluent pas, pour le quatorzième siècle, à moins de trente-cinq millions[1]. Enfin, s'il faut parler d'union et de paix sociale, quelle différence entre les habitants des villes du moyen âge, unis entre eux par la coutume, par les statuts des corporations, par la communauté de la foi chrétienne, et les tristes populations ouvrières que nous voyons aujourd'hui languir ou se déchaîner tour à tour dans nos immenses cités, sans lien, sans appui, sans foyer ici-bas, sans une pensée pour l'autre vie, dispersées et comme émiettées, rongées de haine, d'envie et de désespoir ! Sur les sentiments de fraternité chrétienne qui unissaient au moyen âge bourgeois et manants, les preuves sont nombreuses en Provence comme dans toutes les autres parties de la vieille France, les documents abondent au nord comme au midi. Tantôt ce sont les pieux usages des Bretons à la naissance de leurs enfants, « le morceau de pain noir attaché par la mère au cou du nouveau-né, lorsqu'il est conduit à l'église pour le baptême, en signe de l'humble position qui l'attend dans ce monde[2] ; » tantôt le touchant empressement des

---

[1] Voir Dureau de la Malle (*Mémoires de l'Académie des inscriptions et belles-lettres*, t. XIV, IIe partie), confirmé par M. Léopold Delisle.

[2] Alfred de Nore, *Coutumes, mythes et traditions des provinces de France*. Paris. Perisse, 1846, 1 volume in-8°, page 185. (Bibliothèque nationale, *Imprimés*, n° du catalogue Li28³.)

jeunes femmes bretonnes qui se pressent autour de l'accouchée et
« sollicitent chacune comme une grâce de présenter la première le
sein au nouveau-né : pour elles, l'enfant qui vient de voir le jour
est un ange qui arrive du ciel, et ses lèvres innocentes doivent alors
sanctifier le sein qu'elles pressent pour la première fois, ce qui
porte bonheur. »

Ailleurs, les statuts des anciennes confréries portent, dans chacun
de leurs articles, l'empreinte et comme la marque du plus vif esprit
de charité. Un des documents les plus remarquables, à ce point de
vue, est le règlement de la « *confrairie* ou charité de sainct Malo, »
fondée en 1446 à Bayeux et mentionnée dans une brochure d'un
antiquaire de cette ville, M. Pluquet[1].

« La confrairie de sainct Malo, dit l'auteur, comptait, en 1475,
plus de 1,200 frères et sœurs ; les personnes les plus distinguées de
la ville s'y faisaient recevoir. On s'est beaucoup moqué des confrai-
ries ; ces institutions, comme toutes les choses humaines, ont pu
dégénérer. Mais qu'on lise leurs statuts, on y verra tout ce que la
religion et l'humanité ont jamais suggéré de plus affectueux pour
réunir les hommes, les faire vivre en paix et soulager leurs maux[2]. »

Les dispositions citées par M. Pluquet justifient largement cet
éloge. Il est impossible de les lire sans en être touché, sans admirer
la puissance de l'union fraternelle créée par la foi chrétienne entre
des hommes étrangers les uns aux autres.

« *Item*, dit l'un des premiers articles, s'il advient, Dieu permet-
tant, que aulcun desdicts frères ou sœurs eschoit en maladie de
mezellerie (lèpre), ou aultre, par quoy il soit séparé de compaignie
humaine, et se il requiert avoir des biens d'icelle charité, on luy ay-
dera jusqu'à la somme de vingt sols tornois, et aura une basse messe
en la paroisse dont il partira, et sera convoyé des dicts frères jusqu'au lieu accoutumé ; lesquels l'exhorteront à prendre en patience
son mal et affliction, et à ne point désespérer de la miséricorde de
nostre beneoit salveur, et après sa mort aura messe et vigille au
lieu de la fundaccion d'icelle charité.

« *Item*. Se aulcun frère ou sœur demeure en maladie, et ne puisse
gagner ne aller à l'église, les eschevins et frères servans seront tenuz le visiter une foys la sepmaine et luy faire dire espitres, évan-
giles et orezons devant lui, et luy ayder des biens de la charité, sui-

---

[1] *Pièces pour servir à l'histoire des mœurs et des usages du Bessin dans le
moyen âge*, recueillies et publiées par Frédéric Pluquet, pharmacien à Bayeux, etc.
Caen. Chalopin, 1823. Une brochure in-8°. (Bibliothèque nationale. *Imprimés*,
n° du catalogue Li28 10.)

[2] *Pièces pour servir à l'histoire des mœurs et des usages du Bessin*, page 21.

vant la conscience des dessus dicts ; porveu que il ayt léaument fait
son debvoir quant il avoit santé et voulenté...

« *Item.* Se, par adventur de feu ou aultre cas de fortune, aulcun
des frères et sœurs avoit perdu ses biens, il aura des biens de la
dicte charité jusqu'à la somme de trente sols tornois, se il les requiert
et en fera serment entre les mains des eschevins.

« *Item.* Se aulcuns des frères et sœurs estoient en noise et dissencion ensemble, les provosts, eschevins, frères servans et le clerc sont
tenuz moyenner entre icelles partyes pour les mettre en paix, accord
et bonne union, se la chose est possible ; et celuy qui ne vouldroit
abandonner la noise et dissencion pourra estre bouté hors de la dicte
charité, et privé des prières des frères et sœurs [1]... »

Un autre exemple, plus frappant encore, de la bonne entente qui
existait, sous l'ancien régime, entre voisins et gens de même condition, nous est fourni par le Nivernais. Guy Coquille y étudiait, il y a
trois siècles, et M. Dupin y décrivait, à son tour, en 1840, les unions
de familles ou *communautés taisibles* établies par un usage séculaire, en vue de l'exploitation des terres données en *bordelage*. Ce
genre de *tenure* consistait principalement en ce que les terres louées,
« quelques améliorations qu'y eussent faites les détenteurs, devaient
faire retour à la Seigneurie, à la mort du concessionnaire, s'il ne
laissait pas d'hoirs (parents), *vivants en communauté* sur ladite
terre [2]. » Pour éviter cette réversibilité, les *communs parsonniers*
avaient pris le parti, non-seulement de vivre constamment sous le
même toit et sous l'autorité du père, mais encore d'associer à la
famille primitive issue en ligne directe du *bordeleur* originaire
les familles sorties de branches collatérales, dont ils étaient institués
héritiers exclusifs à charge de réciprocité, et avec lesquelles l'union
agricole se formait par le seul fait de la cohabitation, pendant *an
et jour, au même pot, sel et chanteau de pain.*

« Le père originaire de la communauté fut le père de famille, ensuite son fils, et cette hérédité naturelle se continua aussi longtemps
que se maintint la ligne directe, et que l'on put distinguer un aîné
doué de la capacité convenable. Mais à mesure qu'en s'éloignant la
proximité de la parenté s'est affaiblie au point de ne plus offrir que
des collatéraux, on a *choisi* le plus capable parmi les hommes faits
pour diriger les affaires, et *la femme la plus entendue*, pour présider

---

[1] Extrait du Cartulaire du prieuré de Saint-Vigor de Bayeux, dressé en 1290, et
cité dans la brochure de M. Pluquet, pages 22 à 24.

[2] *Le Morvan.* Topographie, agriculture, mœurs des habitants, état ancien,
état actuel, par M. Dupin, ancien député de la Nièvre, etc. Paris; Plon, 1853. 1 volume in-12. (Bibliothèque nationale. *Imprimés*, n° du catalogue Lk² 1146 A.)

aux soins de ménage [1]. » — « Ainsi, écrivait Guy Coquille, en son langage expressif et pittoresque, ainsi est élu le *maître* de la communauté, lequel commande à tous les autres, va aux affaires qui se présentent ès villes ou ès foires, et ailleurs; a pouvoir d'obliger ses *parsonniers* en choses mobilières qui concernent le fait de la communauté, et lui seul est nommé à tous les rôles. Vrai est qu'il ne vient guère à conclusion que du consentement de ses communs; car, eux tous vivans d'un pain, couchans sous une couverture et se voyant tous les jours, le maître est malavisé ou trop superbe, s'il ne communique et prend l'avis de ses *parsonniers* sur les affaires importantes.... Par ces arguments se peut cognoître que ces communautez sont vraies familles et colléges qui, par considération de l'intellect, sont comme un corps composé de plusieurs membres, combien que les membres soient séparez l'un de l'autre; mais par fraternité, amitié et liaison économique font un seul corps... En ces communautez on fait compte des enfants qui ne savent encore rien faire, pour espérance qu'on a qu'à l'avenir ils feront; on fait compte de ceux qui sont en vigueur d'âge pour ce qu'ils font; on fait compte des vieux, et pour le conseil, et pour la souvenance qu'on a qu'ils ont bien fait [2]. »

Lorsqu'en 1840, M. Dupin visita la communauté nivernaise des *Jault*, la dernière qui subsistât encore, il la trouva organisée d'après les règles indiquées par Guy Coquille et en pleine voie de prospérité. D'après les papiers de la famille, conservés dans une *arche* depuis l'an 1500, et qui parlent de la communauté comme d'une chose déjà ancienne à cette époque, les *parsonniers* ne possédaient, au début de l'association, qu'un pauvre coin de terre, presque sans valeur. En 1840, grâce au travail accumulé et aux économies de plusieurs générations, le champ primitif était devenu un domaine de 200,000 francs, qui suffisait largement aux besoins de plusieurs familles associées. Enfants, vieillards, infirmes étaient, en leur qualité de sociétaires, assurés de leur subsistance : tous faisaient partie de la communauté par droit de naissance; tous lui devaient leur travail et leur succession, à l'exception du *pécule*, réservé à chacun d'eux et provenant de la dot de sa femme, de la succession de sa mère ou de dons et legs à lui personnels. Afin d'éviter l'intrusion de nouveaux membres par mariage et le morcellement qui en eût été la suite, les femmes n'étaient pas copropriétaires de l'immeuble; elles n'avaient droit qu'à une dot prise sur le fonds commun de l'association, et s'élevant parfois jusqu'à 1,350 francs. En outre, la

---

[1] M. Dupin, *le Morvan*, pages 90 et 91.
[2] 58ᵉ question sur les coutumes.

communauté rachetait, jusqu'à concurrence de 2,000 francs, ceux de ses membres que la conscription atteignait.

L'union était complète dans la famille des Jault, le bien-être constant, la santé excellente, les mœurs pures, la probité sans tache : jamais un seul de ses membres n'avait comparu en police correctionnelle. Enfin, et ce dernier trait achève le tableau, « cette famille est très-charitable, écrivait M. Dupin. Nous le savions, et nous en eûmes la preuve sous nos yeux. Pendant que nous causions de tout ce que je viens de vous raconter, à l'un des bouts de la salle, deux pauvres, assis près de la cheminée, qui était à l'autre extrémité, tenaient sur leurs genoux une écuelle de soupe, qu'ils mangeaient fort tranquillement. Aucun pauvre ne passe sans trouver la soupe ou le pain [1]. »

VI

Il faut s'arrêter sur ce tableau d'intérieur, digne du pinceau d'un Téniers ou d'un van Ostade. La famille des Jault, que M. Dupin avait visitée en 1840, subsistait encore en 1853 ; il l'atteste dans son livre sur *le Morvan ;* mais, dès cette époque, elle n'existait plus qu'à titre d'exception, comme fait isolé, comme épave des siècles passés. Qui sait si, aujourd'hui, elle n'est pas dissoute à son tour, si elle n'a pas imité tant d'autres familles sorties de communauté, dont M. Dupin avait soin de peindre, par contraste, l'impuissance, le dénûment et les interminables querelles?

Quoi qu'il en soit, et si incomplets qu'ils puissent être, les détails réunis dans les pages qui précèdent suffisent pour démontrer le caractère général des institutions et des mœurs révélées à M. de Ribbe par les *livres de raison* des pères de famille provençaux. Bien plus, ces mêmes institutions, ces mêmes mœurs, qui régissaient plus ou moins les diverses provinces de l'ancienne France avant 1789, nous les retrouvons, aujourd'hui encore, vivantes et respectées chez tous les peuples puissants, chez toutes les nations jalouses de leur liberté. Le groupement de tous les enfants, mariés ou non, mineurs ou majeurs, sous le toit et sous l'autorité du père de famille existe encore en Suède, en Norwége, en Russie, en Autriche, parmi les populations simples et mâles qui font la force de ces empires. La liberté de tester est une loi presque universelle : l'Amérique, l'Angleterre, la Suisse ont fait reposer l'or-

---

[1] M. Dupin, *le Morvan*, pages 95 et 96.

ganisation de leurs *townships* et de leurs *Landsgemeinden* sur des règles analogues à celles qui existaient, avant 1789, dans les communes françaises et surtout dans les municipalités provençales ;
l'intervention des pères de famille dans le choix des instituteurs et
dans la direction des écoles primaires est, enfin, un principe universellement admis par les pays les plus libéraux comme par les monar-
chies les plus autoritaires, en Angleterre comme en Prusse, aux
États-Unis comme en Suisse.

Seule, la France a violemment rompu, depuis quatre-vingts ans,
avec ces usages consacrés par une expérience séculaire, avec ces traditions domestiques qui se liaient, pour ainsi dire, à son histoire.
Elle s'est, en quelque sorte, répudiée elle-même et déchirée de ses
propres mains ; il semble qu'elle ait tenté de se scinder en deux, au
risque de périr dans l'entreprise. Déjà, au moment où éclata la Révolution, l'ascendant chaque jour plus grand exercé par la capitale
sur le reste du royaume, la corruption des mœurs, l'affaiblissement
des croyances, l'action lente et dégradante du despotisme royal
avaient presque ruiné les libertés locales et porté à l'esprit public
une atteinte plus grave encore. La crise, commencée au seizième
siècle, touchait à son dénoûment ; proclamé par la Renaissance, le
principe païen de l'omnipotence de l'État et du pouvoir absolu des
rois produisait ses conséquences extrêmes. Sur les débris de toutes
les libertés locales, le trône seul était debout, et il s'affaissait, à
son tour, sous le poids des fautes accumulées pendant trois siècles
par les souverains absolus qui l'avaient occupé. Institutions politiques, organisation sociale, tout croulait à la fois, tout devait être,
sous peine des plus graves périls, immédiatement restauré. C'est à
cette œuvre immense, ardue, périlleuse, mais indispensable, que
trois hommes de cœur, trois de nos plus grands citoyens, Louis XVI,
Turgot et Necker convièrent toutes les lumières, toutes les forces,
tous les dévouements. Ils eurent le mérite, si rare, de comprendre
le mal et de voir où était le remède. Ils voulurent le chercher dans
le relèvement des anciennes mœurs et dans le rétablissement de
l'autonomie provinciale.

Tel fut le but de la convocation des Assemblées provinciales, mesure de salut qui reste le plus grand acte du règne de Louis XVI et
l'une des réformes les plus importantes de l'ancienne monarchie.
On ne peut se défendre d'un vif sentiment d'amertume et de regret
lorsqu'on suit, dans les lumineuses et savantes études de M. Léonce
de Lavergne [1], la marche de ces Assemblées, si novices, généralement si timides, parfois au contraire si téméraires, mais tou-

---

[1] *Les Assemblées provinciales sous Louis XVI*, par M. Léonce de Lavergne. Paris ;
Michel Lévy, 1 volume in-8°

jours animées de tant de patriotisme sincère et de désintéresse-
ment, d'où pouvait sortir, sans violences et sans secousses, le salut
de la France. On éprouve une sorte d'angoisse en constatant, à
l'aide de documents authentiques, que l'égalité des trois ordres,
le vote par tête, le doublement du tiers, l'abolition des corvées et
des droits seigneuriaux, la suppression même des priviléges, en un
mot toutes les grandes réformes dont on fait honneur à la Constituante, étaient déjà ou allaient être accomplies, du consentement de
la cour, par le seul fait de la réunion des Assemblées provinciales.

Hélas ! il suffit des imprudences de quelques Assemblées, des ter-
reurs trop promptes et des tâtonnements de la cour pour faire avor-
ter ce grand et beau mouvement où la France aurait dû trouver son
salut. Ce qui soufflait alors sur notre pays, ce n'était plus l'esprit
de réforme, c'était déjà cet esprit, jusqu'alors inconnu, de bouleversement radical et de changement violent qui s'est appelé, dès son
apparition, et qui s'appelle encore l'esprit révolutionnaire. Deux
écoles politiques étaient en présence : l'une, l'école historique, an-
glaise, l'école de Montesquieu, enseignait à redresser les abus, à amé-
liorer les institutions existantes, en profitant des enseignements et
des traditions du passé, en s'appuyant sur les franchises locales, en
tenant compte de l'état des mœurs publiques et privées, et en s'atta-
chant plus au possible et au relatif qu'à l'idéal et à l'absolu ; l'autre
école, l'école philosophique, celle de Rousseau et de l'antiquité, par-
tait de la théorie pure pour arriver à la pratique gouvernementale :
elle prenait pour base la nature même de l'homme telle qu'elle la
concevait ou plutôt telle qu'elle la désirait et, sur ce fondement,
elle érigeait un édifice politique et social absolument nouveau, qui
devait, dans sa pensée, convenir à tous les temps, à tous les pays
et devant lequel elle prétendait faire disparaître tous les débris de
l'ancien monde.

Ce fut malheureusement cette dernière école qui l'emporta. Éprise
de rêves humanitaires et de chimères philosophiques, la France du
dix-huitième siècle voulut les mettre en pratique. La Constituante,
fidèle reflet de la nation, eut, par malheur, le même désir et, pour
le réaliser, elle commença par réduire en poudre la vieille France.
Tout ce qui formait un lien entre les citoyens, un point intermé-
diaire entre l'État et l'individu, fut sacrifié au principe de la table
rase ; tout ce qui était ancien était condamné sans appel. Rabaut
Saint-Étienne donna sa formule à cette *bande noire* politique :

« Pour rendre le peuple heureux, disait-il à la tribune de la
Constituante, il faut le renouveler, changer ses idées, changer ses
lois, changer ses mœurs, changer les hommes, changer les choses,
tout détruire, oui, tout détruire, puisque tout est à recréer. »

Et Barrère s'écriait après lui :

« Nous n'avons pris ce parti (la division de la France en départements) que pour effacer tout souvenir d'histoire, tous les préjugés résultant de la communauté des intérêts ou des origines ; tout doit être nouveau en France, et nous ne voulons dater que d'aujourd'hui. »

« Ne dater que d'aujourd'hui » : voilà bien le mot de la Révolution, voilà son esprit et celui de ce siècle, son mal et le nôtre. Le jour où Barrère prononça ces paroles, il traça le programme et prononça l'arrêt de la Révolution. Elle en fit sa devise. Nulle faute ne pouvait être plus terrible, plus féconde en désastreuses conséquences. Rompre brusquement avec le passé est toujours un jeu périlleux ; mais le tenter en pleine crise, faire table rase des institutions locales et des mœurs domestiques au milieu d'une complète transformation politique, se priver ainsi de son seul point d'appui au moment de la plus difficile révolution, c'est le comble de la folie.

La Constituante, la Législative, la Convention, ont échoué, sombré tour à tour sous le poids de cette faute énorme. Que de fois, hélas ! ne l'avons-nous pas renouvelée depuis ? N'y persistons-nous pas encore ? En comprendrons-nous enfin les funestes conséquences ? Sentirons-nous que la France ne saurait seule, entre toutes les nations, conserver sa puissance en rompant avec son passé et asseoir sur une table rase un édifice constitutionnel de quelque durée ? Il ne saurait être question, sans doute, ni d'une apologie en règle, ni d'une résurrection de l'ancien régime, il ne s'agit pas de lui emprunter son déplorable système gouvernemental, désormais condamné sans retour. Mais, à côté de sa constitution politique, l'organisation sociale, les mœurs domestiques, l'administration locale qui faisaient sa force, surtout aux quinzième et seizième siècles, présentent, de toutes parts, sujet d'étude et matière à imitation. Des lois vitales, au moins aussi importantes que la constitution, la loi sur l'instruction primaire, la loi sur l'organisation communale, la loi électorale sont à la veille d'être discutées. N'offrent-elles pas une occasion précieuse de rendre à l'autorité paternelle un peu de son prestige systématiquement affaibli ? Ne doivent-elles pas servir à remettre en honneur quelques-unes des traditions de l'ancien régime, mieux connu et mieux compris, et à essayer enfin la réalisation de ce sage programme, trop longtemps négligé : des institutions modernes avec les mœurs anciennes ?

PARIS. — IMP. SIMON RAÇON ET COMP., RUE D'ERFURTH, 1.

www.ingramcontent.com/pod-product-compliance
Lightning Source LLC
Chambersburg PA
CBHW061347050726
47595CB00005B/2109